CTIM

Láseres

Medición de la longitud

Lisa M. Sill, M.A.

Créditos de publicación

Rachelle Cracchiolo, M.S.Ed., *Editora comercial*
Conni Medina, M.A.Ed., *Gerente editorial*
Dona Herweck Rice, *Realizadora de la serie*
Emily R. Smith, M.A.Ed., *Realizadora de la serie*
Diana Kenney, M.A.Ed., NBCT, *Directora de contenido*
June Kikuchi, *Directora de contenido*
Caroline Gasca, M.S.Ed., *Editora superior*
Stacy Monsman, M.A., *Editora*
Michelle Jovin, M.A., *Editora asociada*
Sam Morales, M.A., *Editor asociado*
Fabiola Sepúlveda, *Diseñadora gráfica*
Jill Malcolm, *Diseñadora gráfica básica*

Créditos de imágenes: págs.4, 20 (izquierda), 21, 26 cortesía de NASA; pág.5 Toshifumi Kitamura/AFP/Getty Images; pág.18 Bernard Annebicque/Sygma/Sygma via Getty Images; pág.19 Raphael Gaillarde/Gamma-Rapho via Getty Images; pág.24 MTS Photo/Shutterstock; todas las demás imágenes de iStock y/o Shutterstock.

Library of Congress Cataloging-in-Publication Data

Names: Sill, Lisa M., author.
Title: CTIM. Laseres : medicion de la longitud / Lisa M. Sill.
Other titles: STEM. Lasers. Spanish | Laseres
Description: Huntington Beach, California : Teacher Created Materials, [2018] | Audience: Age 8. | Audience: Grades 1 to 3. | Includes index. |
Identifiers: LCCN 2018007616 (print) | LCCN 2018012077 (ebook) | ISBN 9781425823320 (ebook) | ISBN 9781425828707 (pbk.)
Subjects: LCSH: Lasers--Juvenile literature. | Length measurement--Juvenile literature.
Classification: LCC TA1682 (ebook) | LCC TA1682 .S5513 2018 (print) | DDC 621.36/6--dc23
LC record available at https://lccn.loc.gov/2018007616

Teacher Created Materials
5301 Oceanus Drive
Huntington Beach, CA 92649-1030
www.tcmpub.com

ISBN 978-1-4258-2870-7
© 2019 Teacher Created Materials, Inc.
Printed in China
Nordica.072018.CA21800713

Contenido

¿Qué son los láseres?

Un láser es un dispositivo que forma un **rayo** de luz. Es una forma especial de luz. No es como la luz del sol. Tampoco es como una linterna. ¡Un láser es mucho más asombroso!

La luz de los láseres puede usarse de muchas maneras especiales. Los láseres ayudan a las personas todos los días.

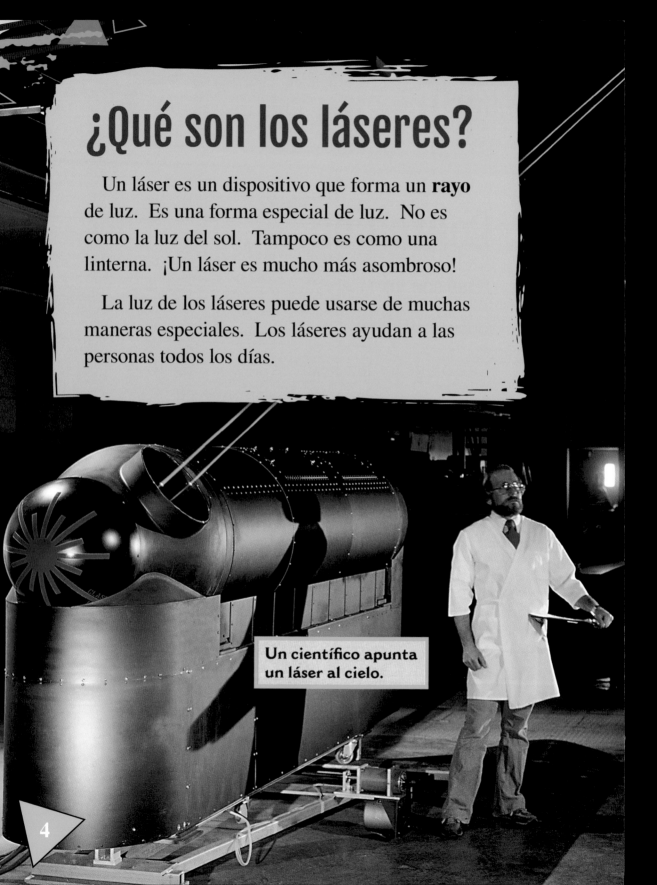

Un científico apunta un láser al cielo.

4

Una científica usa un láser en un laboratorio.

Luces brillantes

Los láseres producen luces muy brillantes. De hecho, son la **fuente** de luz más brillante de la Tierra. ¡La luz de un láser puede ser hasta un millón de veces más brillante que la luz de una bombilla! Esta luz fuerte puede dañar los ojos de las personas. Pero hay maneras en que las personas pueden estar seguras. La mejor manera es usar lentes especiales que bloquean la luz brillante. Ayudan a proteger la vista de las personas.

Un hombre usa lentes especiales
para proteger sus ojos de la luz láser.

La luz se mueve en ondas. Las ondas de luz se parecen a las olas del mar. Pero estas no mojan a nadie. De hecho, ¡el ojo humano no puede verlas!

Las ondas de luz también se mueven como una montaña rusa. Suben y bajan una y otra vez. La distancia entre las ondas de luz se llama longitud de onda. El ojo humano solo puede ver algunas longitudes de onda.

olas del mar

Esta montaña rusa tiene la misma forma que las ondas de luz.

Luz blanca y luz láser

La luz del sol se llama luz blanca. La luz blanca no es en verdad blanca. De hecho, está formada por siete colores diferentes. La luz blanca está formada por rojo, naranja, amarillo, verde, azul, índigo y violeta. Estos son todos los colores del arco iris.

Cada uno de los colores de la luz blanca tiene su propia longitud de onda. Se mueven a velocidades distintas. Esto hace **dispersar** la luz blanca. Las linternas tienen rayos de luz blanca.

luz blanca

prisma

Cuando la luz blanca brilla a través de un prisma, se curva, y puedes ver todos los colores del arco iris.

Magnus va de campamento con su familia. Antes de irse, mide los rayos de luz de dos linternas. Usa los dibujos para responder las preguntas.

Linterna A

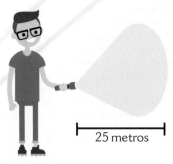

25 metros

Linterna B

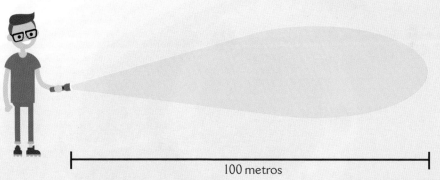

100 metros

1. Compara los rayos usando las palabras *más corto* y *más largo*.

2. ¿Por qué crees que Magnus midió los rayos en metros en lugar de centímetros?

3. ¿Qué linterna crees que debe llevar Magnus al campamento? ¿Por qué?

La luz láser no es luz blanca. En cambio, los láseres están formados por un solo color. La mayoría de los rayos láser parecen rojos. Pero los rayos láser también pueden ser amarillos, verdes o naranjas. Como el láser tiene un solo color, también tiene una sola longitud de onda. Esa única onda se mueve a la misma velocidad. La luz se centra en un rayo **angosto**.

Las fuentes de luz blanca se dispersan. Cuando esto sucede, la luz pierde parte de su fuerza y brillo. Como la luz láser no se dispersa, se ve más brillante.

Open

AVOID EXPOSURE
LASER LIGHT IS EMITTED FROM THIS APERTURE.

La luz blanca tiene un rayo que se dispersa.

La luz láser tiene un rayo angosto.

A nuestro alrededor

Las personas ven láseres todos los días, pero no lo saben. Las luces láser se usan para leer los precios de productos en muchas tiendas. También se usan para reproducir DVD y CD. Los láseres, incluso, se usan en computadoras. Si no hubiera láseres, la vida de las personas no sería la misma.

Un trabajador usa un láser para escanear su ingreso al trabajo.

Una cajera usa un láser para leer el código de barras de una etiqueta.

Trisha trabaja en un almacén. Usa un escáner de códigos de barras con un láser para llevar el control de las cajas. El láser no tiene que tocar los códigos de barras de las cajas para leerlos.

1. El viejo escáner de Trisha podía leer códigos de barras a 15 centímetros de distancia. Recibe un escáner nuevo que lee códigos de barras a 43 centímetros de distancia. ¿Cuál es la diferencia entre las dos distancias de escaneo?

2. El gerente de Trisha tiene un escáner que puede leer códigos de barras a 91 centímetros de distancia. ¿Cuántos centímetros más se necesitarían para que el escáner nuevo de Trisha llegara a la misma distancia que el escáner de su gerente?

Para los médicos

Los láseres también pueden usarse de otras maneras. La luz brillante de un láser corta como un cuchillo filoso. Los médicos usan los rayos angostos de los láseres para trabajar en lugares pequeños. A veces, usan láseres en los ojos de las personas. La cirugía láser de ojos ayuda a las personas a ver mejor. Otras veces, los médicos usan láseres en la piel. Los láseres pueden limpiar profundo bajo la piel. También pueden **atenuar** las cicatrices.

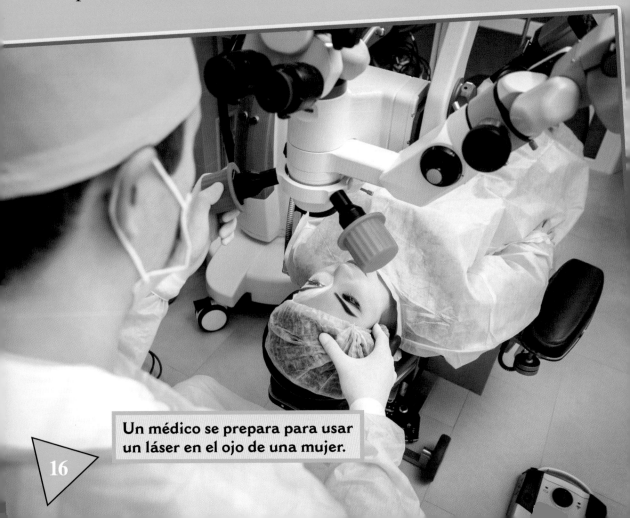

Un médico se prepara para usar un láser en el ojo de una mujer.

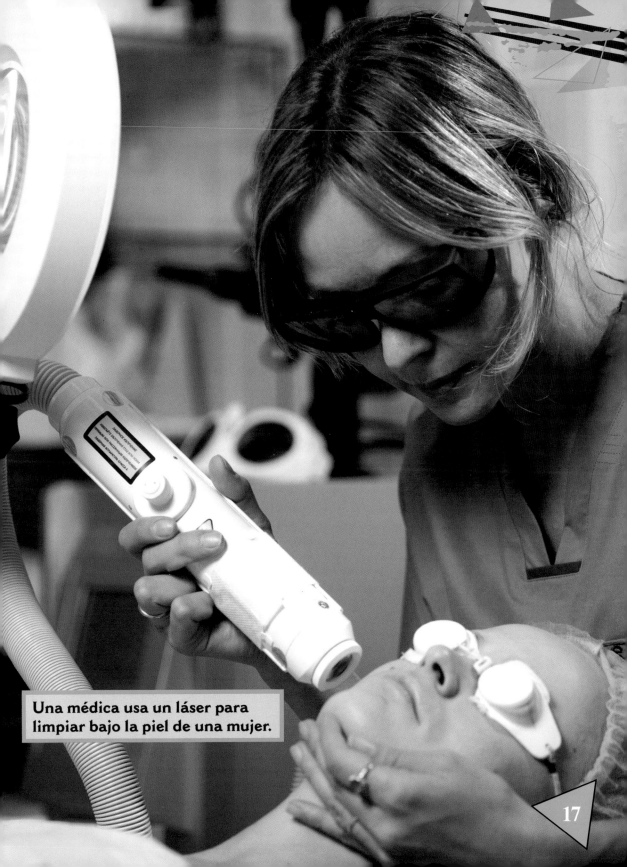

Una médica usa un láser para limpiar bajo la piel de una mujer.

Para los trabajadores del museo

Apuntar a obras de arte con láseres puede parecer mala idea. Pero, en verdad, los láseres pueden ayudar a limpiarlas. Las pinturas y estatuas pueden limpiarse con luz láser.

Personas muy entrenadas dirigen luces láser a las obras de arte. La luz quita una pequeña capa de la superficie. La fuerte luz elimina tierra, aceite y grasa. Sin embargo, las personas deben tener cuidado. ¡Las luces láser son tan fuertes que también pueden quitar la pintura!

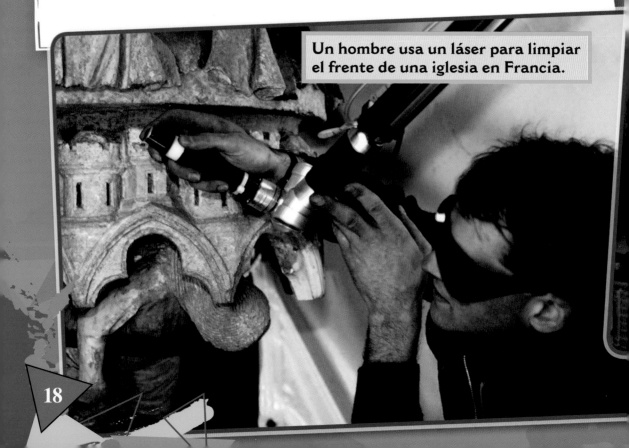

Un hombre usa un láser para limpiar el frente de una iglesia en Francia.

Un trabajador del museo pasa horas restaurando con cuidado una pequeña parte de una estatua.

Para los científicos

Los científicos suelen **depender** de los láseres para hacer su trabajo. Los usan para hacer cosas que otras herramientas no pueden. Muchas personas usan herramientas para cortar y perforar hoyos. Pero las herramientas pueden **desafilarse** con el tiempo. Los láseres no.

Los científicos también usan láseres para medir distancias muy largas. De hecho, se usaron láseres para hallar la distancia a la luna. ¡Habría sido imposible medir esta distancia con reglas!

Una científica de la NASA derrama arena sobre un láser.

Un láser corta una hoja de metal.

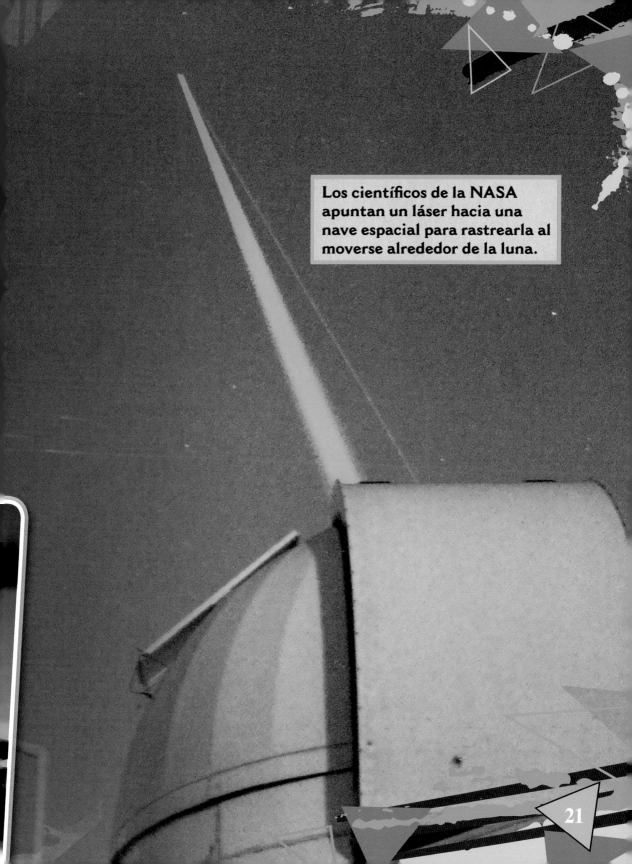

Los científicos de la NASA apuntan un láser hacia una nave espacial para rastrearla al moverse alrededor de la luna.

Para los constructores

Los constructores también usan láseres para medir cosas. Miden edificios, pisos, habitaciones y paredes con láseres.

Los constructores usan láseres para asegurarse de que los edificios son seguros y fuertes. Los usan para confirmar que las paredes están derechas. Si las paredes no están derechas, ¡todo el edificio se podría caer!

Esta máquina usa un láser para asegurarse de que la habitación está nivelada.

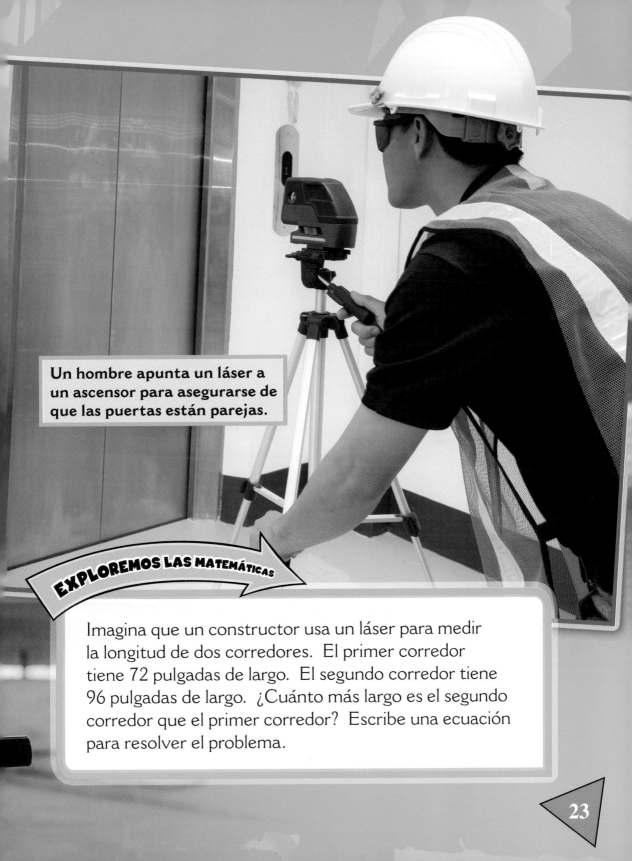

Un hombre apunta un láser a un ascensor para asegurarse de que las puertas están parejas.

EXPLOREMOS LAS MATEMÁTICAS

Imagina que un constructor usa un láser para medir la longitud de dos corredores. El primer corredor tiene 72 pulgadas de largo. El segundo corredor tiene 96 pulgadas de largo. ¿Cuánto más largo es el segundo corredor que el primer corredor? Escribe una ecuación para resolver el problema.

Como diversión

¡Los láseres también pueden usarse de maneras divertidas! Se usan en espectáculos de luces. Los láseres iluminan el cielo de diferentes colores. Los láseres también pueden hacer **hologramas**, que son imágenes tridimensionales (3D). Estos se usan en películas 3D para que parezca que los objetos saltan de la pantalla. ¡Todos estos son usos divertidos de los láseres!

Un espectáculo de luces láser entretiene a las personas en Tailandia.

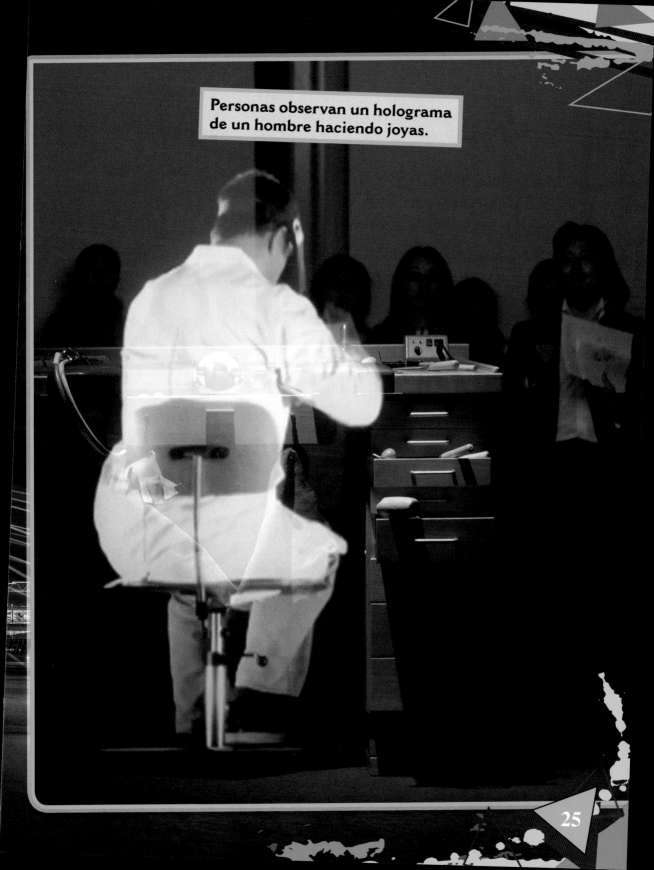

Personas observan un holograma de un hombre haciendo joyas.

Láseres del futuro

Las personas usan láseres para muchas cosas. Incluso habrá más formas de usar los láseres en el futuro. Algunos médicos piensan que los láseres pueden ayudar a curar los huesos más rápido. Los científicos pueden usar los láseres para aprender más sobre el espacio. Solo imagina todas las maneras en que pueden usarse los láseres. ¡Tal vez encuentres una nueva forma de usarlos!

Un científico de la NASA usa un láser para aprender más sobre una roca de Marte.

Una veterinaria usa un láser para ayudar a sanar más rápido a un perro.

⚙️ Resolución de problemas

Los espectáculos de luces láser son muy populares. Algunos de estos espectáculos se hacen en interiores. Los láseres se proyectan en pantallas. Responde las preguntas para aprender más sobre los espectáculos de luces láser.

1. Imagina que una sala que se usa para un espectáculo de luces láser mide 15 pies de altura. ¿La altura de la sala en pulgadas sería mayor o menor que 15? ¿Por qué?

2. Las luces láser están a 11 pies por encima del suelo. ¿Cuántos pies más alta es la sala que las luces láser? Escribe una ecuación para resolver el problema.

3. Los láseres pueden proyectarse a los costados del público. Pero debe haber 8 pies de espacio vacío a ambos lados. ¿Cuántos pies son en total?

4. ¿Cuál es la diferencia entre el espacio vacío a un lado del público y las luces láser por encima del suelo?

5. En una sala pequeña, el láser está a 30 pies de la pantalla. En una sala grande, el láser está a 100 pies de la pantalla. ¿Cuántos pies más lejos de la pantalla está el láser en una sala grande? Usa palabras, números o imágenes para demostrar tu solución.

Glosario

angosto: largo, pero no ancho

atenuar: hacer menos brillante o desaparecer lentamente

depender: necesitar algo o a alguien

desafilarse: perder filo

dispersar: separar y mover en direcciones diferentes

fuente: una cosa o un lugar desde donde parte otra cosa

hologramas: imágenes especiales que están hechas por láseres y parecen tridimensionales (3D)

rayo: una línea de luz

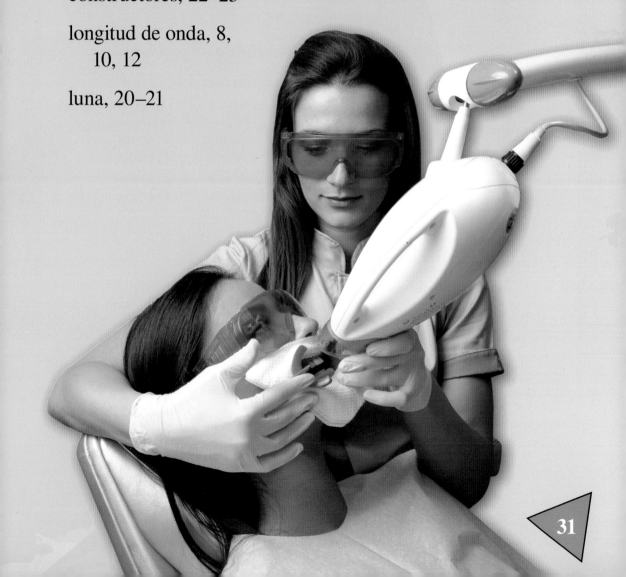

Índice

Soluciones

Exploremos las matemáticas

página 11:

1. Las respuestas variarán, pero pueden incluir: La distancia del rayo de la linterna A es 75 m más corta que la de la linterna B; o la distancia del rayo de la linterna B es 75 m más larga que la de la linterna A.

2. Las respuestas variarán, pero pueden incluir que los metros son una unidad de medida más grande que los centímetros, por lo que se necesitarán menos metros para cubrir una distancia larga.

3. Las respuestas variarán. Ejemplo: *Pienso que Magnus debería llevar la linterna B al campamento porque ilumina más lejos que la linterna A, así que podrá ver más lejos por la noche.*

página 15:

1. 28 cm

2. 48 cm

página 23:

24 in más largo; $72 + \underline{24} = 96$ o $96 - 72 = \underline{24}$

Resolución de problemas

1. La altura del techo sería mayor a 15 en pulgadas porque la pulgada es una unidad de medida más pequeña que el pie, por lo que se necesitarían más pulgadas para cubrir la misma distancia.

2. 4 ft más alta; $11 + \underline{4} = 15$ o $15 - 11 = \underline{4}$

3. 16 ft

4. 3 ft

5. 70 ft más lejos; las respuestas variarán, pero pueden incluir ecuaciones, rectas numéricas o conteo salteado.